Wilfried Abels

carnevale

Venedig und seine Küche

Originalausgabe
(c) 1990 by Verlagsunion
Erich Pabel - Arthur Moewig KG, Rastatt

Umschlagentwurf und -gestaltung: Wilfried Abels
Layout: Christina Nimsch
Fotos im Innenteil: Wilfried Abels
Herstellung: H. J. Philipp
Gesetzt aus der Times auf Apple Macintosh II
Druck: VPM, Rastatt
Printed in Germany 1990
ISBN 3-8118-3052-X

Der Himmel über den abendlichen Wolken könnte nicht eindrucksvoller, venezianischer gestaltet werden. Vom nachttiefen Blauschwarz der unteren Fläche angefangen ein kecker Pinselschwung horizontal von links nach rechts, ein Scharlachrot mit

sanftem Verlauf in ein schier unbeschreibliches Orange. Einige wenige violette Tupfer an den Rändern, gestreichelt von flaumig zartem und orientalischem Gelb. Hin zum oberen Rand dieses Bildes der Unendlichkeit ein Meergrün, das sich zur Nacht besinnt, um schnell ins Lagunen-Schwarzblau zu wechseln.

Ich sitze - ob eines solchen Empfanges fasziniert - in meinem bequemen Sitz in der Maschine Frankfurt-Venedig, und die Entscheidung fällt mir schwer: fotografieren oder nicht? Nein. Es gibt Dinge, die man nicht ablichten sollte; dieser Eindruck ist eines davon.

Mir ist, als hätte Venedig eigens für seine Besucher dieses stolze Banner an den Himmel geheftet, und es fehlt nur noch der goldene Löwe, um die Illusion zu vervollkommnen. Zutrauen würde ich es den einfallsreichen Venezianern durchaus.

Es ist November, die Zeit der stillen Venedig-Liebhaber, und ich habe meine Reise nicht zuletzt aus diesem Grunde angetreten. Aber ich möchte auch an meinem Buch über die Lagunenstadt arbeiten.

Die Landung auf dem Aeroporto Marco Polo - noch am Festland - erfolgt weich und ist begleitet von meinem atemlosen Bestaunen der abertausend tanzenden Lichter von Venedig. Die Erwartung, nunmehr gänzlich von lärmenden und stinkenden Autos befreit zu sein und vollkommen gefahrlos über sanft schaukelnde Wellen bewegt zu werden, ist nahezu unvorstellbar. Sie erweist sich aber im Nu als unrealistisch, denn natürlich werde ich nicht von einer Gondel, sondern von einem lauten "Wassertaxi" in zwanzig Minuten zum Hotel gebracht. Die rasche, reichlich Gischt aufwirbelnde Fahrt geht an riesigen schwarzen Pfählen vorbei, die überall aus dem Wasser ragen und den Weg auf der Wasserstraße kennzeichnen.

Souverän, geradezu elegant, steuert mein "Neuzeit-Gondoliere" sein schnelles Motorboot vom Canale delle Fondamenta Nuove quer durch das enge Gewirr des Arsenale zum Canale di San Marco.

Und da sind die ersten bekannten Ansichten Venedigs, getaucht in Rosa-Violett und mattes Goldlicht vieler Scheinwerfer. Die Isola di San Giorgio Maggiore, die Punta della Dogana mit ihrer riesigen goldenen Kugel, die nicht nur die Einfahrt in den Canal Grande kennzeichnet, sondern früher einmal auch Zollstelle war, und natürlich der wohl am meisten fotografierte Platz der Welt, die Piazza di San Marco - der Markusplatz.

Kurz darauf - mit nunmehr verminderter Fahrt - gleiten wir durch einen dunklen Seitenkanal in die verwirrende Welt der immer bewegten, ruhelosen Wasserstraßen. Mein Hotel, das alte, gepflegte Saturnia, befindet sich mittendrin im Gewühl von Brükken, Häusern und Kanälen.

Nahezu jedes Haus hat seinen eigenen Wasserzugang mit Anlegesteg für Boote. Das Aussteigen entbehrt jedoch nicht einer gewissen Gefahr, da man festeren Boden unter seinen Füßen gewohnt ist.

Zwar führen vom Festland eine Straße und eine Eisenbahnlinie nach Venedig, doch sollte man sich der Stadt lieber mit dem Boot nähern, und das am besten in den Abendstunden. Schon Thomas Mann schwärmte von dieser

"einzig möglichen Anreise", um Venedig kennen- und verstehen zu lernen. "Warum nachts?" werden Sie fragen. Nun, das Dunkel

verhüllt zunächst überwältigende Eindrücke, die man sich besser für den ersten grau-rosafarbenen Morgen aufspart. Man besucht das erste Mal Venedig und weiß alles und gar nichts darüber. Man muß "Sie" zu Venedig sagen, dieser Stadt des Widerspruchs und der Einheit, des Lebens und des Todes, der Liebe, der Fröhlichkeit und der Melancholie.

Nichts und alles hat hier seine Gültigkeit und ist doch nicht wahr in der Stadt der Uhren und Bewegung, in der die Zeit stillzustehen scheint.

Wenn das blaue Licht der Lagunen durch die rosafarbenen Lampen funkelt, ist sie wieder da, die Zeit der Schatten und Spiegelungen. Alles löst sich auf und fügt sich zusammen in einem tanzenden Reigen voller Licht und Musik. Die Lampen bekommen schwarze Flügel, die Gondeln lange Schnäbel, und es bilden sich ganze Welten der Fantasie in dieser großartigen Stadt. In allem, was man sieht, verbinden sich Gegenwart und Vergangenheit. Ein Hund auf einer Fensterbank hinter vertrockneten Geranien ist jetzt der stolze Löwe von San Marco. Man fühlt eine Krone auf dem Haupt, während man durch die Gassen schwebt - über ungezählte Brücken, Höfe und Winkel, die nie enden wollen und einem das Gefühl geben, eine eigene Welt zu durchstreifen.

Überall und unvermittelt ist das Wasser anzutreffen, welches einem zuraunt: "Ich dulde dich. Akzeptiere mich. Ich baue dir - uns - ein Boot." Und man fährt durch die Schatten der Häuser in das grelle Licht des Lebens. Da wird es laut, bunt und fröhlich, und die Schatten tanzen durch Venedig. Da sind das Weiß und das Rot, das Grau und das Blau, die Wärme und die Kühle. Da sind der Ernst und ein Lächeln, die geraden Linien und die weichen Bögen.

Mit einer Maske vor dem Gesicht läßt sich Venedig am ehesten begreifen, und Sie werden auch das ganze Jahr über Masken und Verkleidungen in dieser Stadt sehen. Il Carnevale ist nur die Steigerung des Alltags, der Höhepunkt eines Jahres.

Kenner fahren etwa zwei Wochen vor dem eigentlichen Rummel hierher, um dann in dieser mystischen Stadt die Venezianer zu bewundern. Sei es auf dem Markusplatz, wo sich die Masken voller Grazie zu den Klängen von Vivaldis "Vier Jahreszeiten" bewegen, oder in den schmalen Gassen, teilweise gerade einen Meter breit, in denen einem Bilder einer vergangenen Zeit entgegenkommen.

Die Commedia dell'arte, die auch hier ihre Wiege hatte, scheint auferstanden zu sein. Für mich als Maler und Fotografen wirkt dies alles wie ein Rausch. Die Faszination wird sich auch auf Sie übertragen, wenn Sie die Stadt erleben. Zu allen hier abgebildeten Gemälden bin ich von Venedig inspiriert worden. Auch die Fotos, die ich solchermaßen aus meiner Sicht für dieses Buch gemacht habe, sollen Impressionen von Venedig, seinem Leben, den Menschen und der typischen Eßkultur widerspiegeln. Schikken auch Sie Ihre Augen und Sinne auf die Reise!

Lassen Sie sich in Venedig treiben - trotz aller sicherlich guten Reiseführer ist dies immer noch das beste. Laufen Sie einfach immer geradeaus, der Nase nach. Sollte Ihnen einfallen, einen Venezianer nach dem Weg zu fragen, werden

Sie auch nichts anderes als Antwort erhalten: "Sempre dritto" - immer geradeaus. Und irgendwie erreicht man so tatsächlich den Ort, wohin man wollte. Lassen Sie sich nicht genauso irritieren, wie es mir erging. An einer Gabelung mehrerer Gassen traf ich auf vier in alle Himmelsrichtungen weisende Schilder, die dasselbe Ziel versprachen: Per Rialto. Der eine Weg ist nun mal kürzer, der andere interessanter - mit der Zeit kennt man sich aus. Und wohl kaum wird es Ihnen so ergehen wie dem Redakteur eines amerikanischen Magazins, der einen Bericht über Venedig schreiben sollte und fassungslos nach Hau-

se telegrafierte: "In Venedig angekommen - stop - Straßen alle unter Wasser - stop - erbitte weitere Anweisungen."

Der Wasser-Irrgarten auf Stelzen fand schon immer das Interesse vieler berühmter Zeitgenossen, die alle der Faszination dieser dem scheinbar besiegelten Untergang geweihten Stadt erlagen: Lord Byron, Richard Wagner, William Turner, Stendhal und natürlich Goethe sind nur einige Größen, die Venedig leidenschaftlich liebten und zeitweise auch dort lebten. Jeder Gondoliere wird Ihnen die Häuser mit den Gedenktafeln zeigen.

War Wagner am meisten von den Glocken Venedigs beeindruckt, so schwärmte der englische Maler Turner von den Farben, und Goethe schließlich kleidete seine Faszination für den Gesang der Gondolieri in die Worte: "... wie eine Klage ohne Trauer."

Diese Impression können Sie nachvollziehen, wenn Sie in "Biber-Perspektive" still in einer Gondel durch die Kanäle gleiten. Vor jeder Biegung oder unübersichtlichen Kurve stoßen die Gondolieri kurze melodiöse Rufe aus, die entfernt an Eule, Zauberberg und große Oper erinnern. Kommt aus den Winkeln eine Antwort, so begegnen sich wenig später zwei Gondeln, und einige Minuten lang ist die Luft vom Singsang beider Gondolieri erfüllt, die sich nebenbei noch die neuesten Mitteilungen zukommen lassen. Sie können sicher sein, daß sich diese Worte zwischen vielen Fenstern, über Brükken und durch die Gassen fortsetzen. Das Ganze hört sich für einen kurzen Moment wie die Probe eines Opernchores an.

Aber Venedig ist auch eine Stadt der Düfte, vor allem dann, wenn sich im Morgengrauen aus den Booten die Blumen, das Gemüse und Obst, das frische Brot und die gerade gefangenen Fische in die Küchen der Restaurants, zu den Läden und auf die Märkte ergießen und sich durch die beginnende Geschäftigkeit Gewürz-, Koch- und Espressodüfte mit dem Stimmengewirr zu einer großen venezianischen Tafel der Sinne formen.

Frühmorgens über den Rialto zu schlendern ist ein beeindruckendes, farbenfrohes Erlebnis. Wie überall auf der Welt, erfährt man über die Stadt, ihre Bewohner, die Lebens- und Eßkultur am meisten, wenn man sich über ihre Märkte treiben läßt.

Das Angebot ist überwältigend: die Schätze des Meeres, die Fische und Schalentiere, die in der venezianischen Küche eine aus-

gesprochene Vormachtstellung einnehmen, die Gemüse von den benachbarten Inseln oder vom Festland, die frisch und leuchtend an die Bögen und Rosetten der Palazzi erinnern, das Brot und Gebäck in fantasie- und geschmackvollen Formen und auf unterschiedlichste Arten zubereitet. Der Sortenreichtum ist überwältigend. Ein einziges, sich täglich wiederholendes und immer neues Fest! Hier und an den einzigartigen Auslagen und Dekorationen der Restaurants und der vielen bunten Geschäfte ist zu spüren,

CARNE.VALE

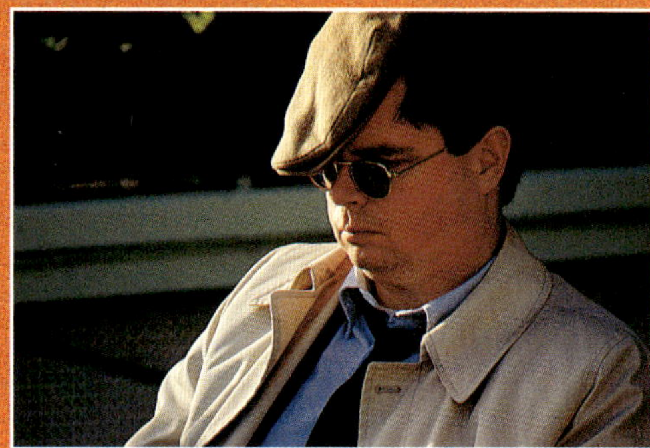

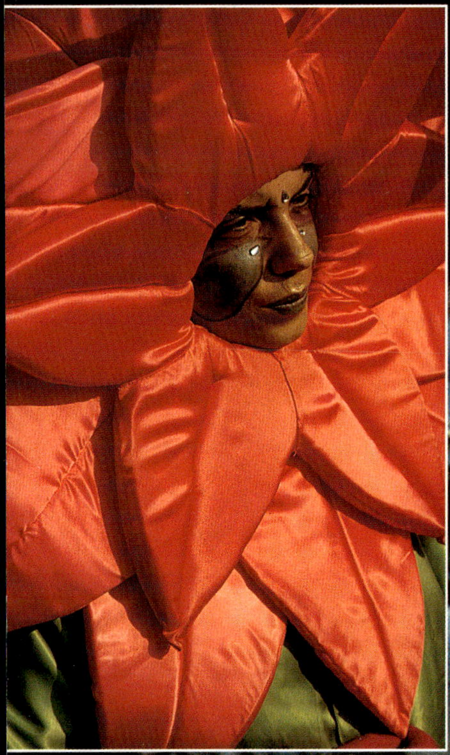

wieviel Aufwand und Mühe sich die Venezianer für, mit und um gutes Essen und Trinken machen. Glauben Sie nicht, daß in Venedig irgend etwas "normal" und schon einmal erlebt worden wäre; alles ist eigenständig, selbst der Cappuccino heißt hier Macchiato und wird auf eigene Art zubereitet, nämlich mit sehr wenig Milch und einer Prise von Kakao, Zucker und Zimt über den kleinen, heißen Schaum.

Ein Restaurant mitten im Touristenrummel, zwischen vielerlei Geschäften mit dem scheußlich bunten Abklatsch einer großen Kultur, der leider immer wieder seine Käufer findet.
Hinter Glasscheiben sah ich im halbdunklen, aber warmen Licht große Körbe mit Steinpilzen, frischer Pasta, unterschiedlichsten Fischen sowie Venus- und Pfahlmuscheln neben den von den Venezianern so geliebten Seespinnen. Ich ging hinein, nahm einen Platz mit Blick nach draußen und bestellte eine Flasche Wein, einen Chardonnay, jung und noch moussierend, ganz so, wie ihn die Venezianer schätzen und lieben:

als Aperitif und leichten Begleiter zu Antipasti. Der erste, zweite und dritte Vorspeisenteller boten eine Auswahl von Schalen- und Krustentieren in Weißwein mit Gemüse und viel Knoblauch, sehr delikat und leicht. Als Pasta folgten "Paglie e Fieno": "Heu und Stroh".

Paglie e Fieno

Zutaten für 4 Personen: *Je 250 g grüne, rote und weiße Spaghetti, 2 Scheiben gekochter Schinken, 1 große Speisezwiebel, 1 Karotte, 1 Stange Staudensellerie, 1 TL rosa Pfefferblüten, 2 EL Salz, 4 EL Olivenöl, 40 g Butter, 1 Becher süße Sahne und geriebener Parmesankäse.*

Zubereitung: Nudeln mit Salz und genügend Wasser "al dente" kochen. Durch ein Sieb abgießen, kalt abschrecken, mit 2 EL Olivenöl vermischen und warm stellen. In einer Pfanne das Öl und die Butter erhitzen, die feingehackte Zwiebel darin anglasieren. Karotte und Sellerie sehr fein würfeln und dazugeben. Rosa Pfefferblüten mit dem Messerrücken zerdrücken und zufügen. Den Schinken in Streifen schneiden und zusammen mit der Sahne untermengen. Erhitzen und mit den Spaghetti vermischen. Mit Parmesan bestreuen.

Alberto, mein liebenswürdiger und listiger Ober, fand schnell heraus, was ich treibe. Venezianer haben eine gute Nase für Geschäfte und besitzen demzufolge eine ausgefuchste Menschenkenntnis. Und flink sind sie, immer in Bewegung, als gelte es, eine Meisterschaft in Schnelligkeit und Geschicklichkeit zu gewinnen. Auffallend sind die dunklen runden Augen im venezianisch schmal geschnittenen Gesicht mit besagter feiner Nase und die Hände, ständig in Aktion und überall. Die großen Lider über freundlich blickenden Augen erscheinen leicht lasziv.

Sie wirken melancholisch, wäre da nicht der ständig glimmende Funke im Rehbraun der Pupillen. Plötzliche Stille lenkt auch meinen Blick auf ein atemberaubend langes Paar Beine unter einem kurzen Rock. Würde man nicht das Stakkato hoher Absätze auf dem Terrakottaboden vernehmen, so könnte man eine Stecknadel fallen hören - und selbst die ewig fauchende Espressomaschine hält die Luft an. Die Tür

schwingt zu, und alles ist wie vorher. Mein Schaufensterplatz im "Ristorante all Angelo" ist hervorragend, das Treiben draußen läßt mich wieder an den Carnevale denken. Das Inselvölkchen hat einen ausgesprochenen Sinn für die Dramatik seiner Kleidungsstücke. Man kann dies selbst an grauen Novembertagen beobachten: weite Umhänge, kühne Hutkonstruktionen, schwarze weite Röcke oder hautenge Hosen wechseln vom Dunkelgrün zum Violett. Haltung und Bewegung sind der Fluß einer Inszenierung.

AGNELLO AL KG.
ANTERIORE 17.900
POLLO
AL KG
£ 4.900

Die vorbeiziehenden Touristen in Tennisschuhen und mit ihren Kameras über dicken Bäuchen sehen vergleichsweise seltsam aus. Eine dunkelhaarige Schöne mit weitem Umhang, Sonnenbrille und reich mit Gold verziertem Barett schwebt vorüber. Ein Karneval der Formen und Farben, selbst bei den Sonnenbrillen. Nir-

gendwo sonst auf der Welt finden Sie eine aufregendere Kollektion. Klein, schwarz und seltsam geformt, scheint sie die ganzjährige Maske der Venezianer zu sein.

Alberto präsentiert nun meinen nächsten Gang. Zu köstlichen Lammnieren in Kräutern offeriert er einen gegrillten Trevisosalat und einen in Scheiben geschnittenen Steinpilz vom Grill. Draußen vor dem Fenster wird mir dazu ein Wohnungsumzug serviert, mit Möbelteilen, Lampen und Bildern. Und die Touristen bleiben verwundert stehen. Nur der Tod hält auch die Venezianer für Momente in seinem Bann. Wenn die Gondeln Trauer

tragen, ist dies für den Dahingeschiedenen die letzte große Inszenierung, die wahrhaftige Hauptrolle auf der ewigen Bühne der Commedia dell'arte. Das ist durchaus nicht makaber gemeint. Die Venezianer kümmert alles Wesentliche - vermutlich, weil sie als kleine, eingeschworene Inselgemeinschaft auf engstem Raum zusammenleben. Wenn ein Kind stürzt, sind in mindestens fünfzig Metern Umkreis die Anteilnahme und Hilfe gesichert. Wollen Sie die Mentalität der Venezianer näher kennenlernen, empfehle ich sehr das Studium der Commedia dell'arte. Die dort skizzierten, besser: stilisierten Figuren eines listigen Pulcinella, einer liebenswürdigen Colombi-

na oder eines fröhlichen Arlecchino wirken wie mitten aus dem Leben gegriffen und lassen begreifen, was bis zum heutigen Tag in Wesen und Art der Venezianer vor sich geht.
In ihren Köpfen scheinen die Venezianer Computer eingebaut zu haben, die sie zu ungekrönten Herrschern des Handels machen. Ein unglaublicher traditioneller Spürsinn ließ den allgegenwärtigen geflügelten Löwen kämpfen, jedoch ausschließlich mit seinem Geist. Das wacklige Fundament der nur auf Pfählen gebauten Stadt hätte einem Kampf, der dem um eine befestigte Burg geführten vergleichbar wäre, nicht standhalten können. Der Löwe, das Wahrzeichen Venedigs, ist überall zu finden.

Carne vale", das die Venezianer für sich selbst spitzbübisch als "Fleisch, welches wohllebt" interpretieren, weist besonders nachdrücklich auf Stil und Geist der heimischen Küche hin. Maßvoll und fleischlos zu essen verlangt die Kirche zur Fastenzeit. Die "Piatti" werden kleiner, aber zahlreicher, und die Kreationen um Fisch und Schalentiere raffinierter und kreativer.
Eine besondere Delikatesse venezianischer Küche, wie sie typischer nicht sein könnte, sind Sardinen venezianisch.
Mindestens einen Tag, wenn nicht mehr, sollten Sie den Venedig vorgelagerten Inseln widmen. Mit einem Vaporetto, der Wasserstraßenbahn Venedigs, ist das gar nicht teuer, dafür äußerst interessant. Natürlich können Sie sich auch erst einmal alle sechs Stadtteile Venedigs vom Wasser aus anschauen, bevor Sie zum Beispiel in Murano wieder an Land gehen.

Sardinen venezianisch

Zutaten für 4 Personen: *8 kleine ausgenommene Sardinen ohne Kopf, 4 Speisezwiebeln, je 50 g Pinienkerne und Rosinen, 1/4 l Weißwein aus dem Veneto, 4 EL Olivenöl, Salz und Pfeffer aus der Mühle, Saft einer halben Zitrone und ein wenig Mehl zum Bestäuben der Sardinen.*

Zubereitung: Sardinen unter Wasser abspülen, trockentupfen und mit Zitronensaft einreiben. Leicht salzen, pfeffern und mit Mehl bestäuben. Zur Seite legen. Zwiebeln schälen, halbieren und würfeln. In einer Pfanne 2 EL Olivenöl erhitzen und die Zwiebeln darin anglasieren. Nun Rosinen und Pinienkerne zugeben. Mit Weißwein ablöschen und bei kleiner Hitze etwa fünf Minuten dünsten. Die Sardinen in einer weiteren Pfanne mit Olivenöl von allen Seiten kurz anbraten, die Zwiebelmischung darübergeben und alles von der Hitzequelle nehmen. Lauwarm servieren. Dazu wird ein "Prosecco Frizzante", ein junger, schäumender Wein aus dem Veneto, getrunken.

TRACI

Risotto alla certosina

Risotto mit Muscheln

Zutaten für 4 Personen: *500 g kleine Miesmuscheln und die gleiche Menge Herz- oder Venusmuscheln, 1/4 l trockener Weißwein, 1 Stange Lauch, 1 kleine Zwiebel, 2 Knoblauchzehen, 200 g frische grüne Erbsen (oder aus der Tiefkühltruhe), frisches Basilikum, 1 Lorbeerblatt, 1/4 l Olivenöl, weißer Pfeffer aus der Mühle, 1 EL Meersalz und 300 g Rundkornreis.*

Zubereitung: Die Muscheln unter fließendem Wasser sorgfältig waschen, am besten abbürsten. Etwas Olivenöl in einen großen Topf geben und erhitzen. Knoblauch und Zwiebel hacken und zugeben. Die Muscheln kurz darin wenden und mit Wein ablöschen. Den gehackten Lauch zugeben, alles kurz erhitzen und durch ein Sieb abgießen. Den Fond bitte aufheben. Muscheln auslösen und beiseite stellen. Restliches Olivenöl in einen Topf geben, erhitzen und den Reis anrösten, bis er leicht Farbe bekommt. Mit dem Fond ablöschen und circa 15 Minuten garen lassen. Beim Austrocknen gegebenenfalls Wein nachgießen. Gehackte Kräuter, Salz, Gemüse und Muscheln untermischen und kurz ziehen lassen. Heiß servieren.

Carnevale

Zutaten für 8 Personen: *400 g Mehl, 60 g Butter, 1/4 l Weißwein, 2 TL Zimt, abgeriebene Schale einer Zitrone, 12 cl Maraschino-Likör, 1 EL Trockenhefe, Puderzucker und Fritierfett.*

Zubereitung: Butter und Wein im Topf erhitzen. Vom Herd nehmen und das gesiebte Mehl nach und nach unterrühren. Alle Gewürze und die zuvor in 2 EL lauwarmem Wasser aufgelöste Hefe zugeben und gut vermischen. Eine Stunde zugedeckt ruhen lassen. Fett in der Friteuse oder einem schweren Topf erhitzen: Mit einem Teelöffel Teig abstechen und in das Fett geben. Alle Teile goldbraun ausbacken, mit einer Schaumkelle herausheben und zum Abtropfen auf Küchenpapier legen. Mit Puderzucker bestäuben. Heiß oder kalt servieren. Dazu trinkt man am besten einen fruchtig-blumigen Weißwein oder den berühmten Vino Santo - gut gekühlt.

An der Station "Riva degli Schiavoni" lösen Sie ein Billett und steigen in den Circolare sinistra (Linie 5). Die schnelle, erlebnisreiche Tour führt zunächst durch das Arsenale an den Fondamenta Nuove mit einigen kleinen Zwischenstopps während der Fahrt in Richtung der majestätischen

Insel San Michele, des sehenswerten Friedhofs Venedigs; einer Insel der Ruhe, der Schönheit und der Begegnung mit großen Namen der Vergangenheit. Igor Strawinsky ist nur einer von ihnen.

Murano, die weltberühmte Glasbläserinsel, ist die nächste Station. Weiter geht die von einmaligen Aussichten begleitete Fahrt nach Cannaregio, vorbei am Campanile Madonna dell'Orto, unter den Brücken des Canale di Cannaregio hindurch. Dann durch den Canal Grande, vorbei am Bahnhof, der Venedig mit dem Festland verbindet, und dem Piazzale Roma, den man auch "Piccolo Bronx", das Venedig der kleinen Leute, nennt. Die Passage führt weiter durch den Canale della Giudecca, mit einem Blick auf die eigenartige, backsteinverzierte Fassade des "Mulino Stukky" auf dem ehemaligen Refugium der reichen Venezianer aus dem 16. Jahrhundert. Vorbei an San Giorgio Maggiore endet die kleine Reise durch die Kanäle wieder am Ausgangspunkt.

Vielleicht erlauben Sie sich noch einen kurzen Abstecher zum Lido, der einst Venedigs mondänes Seebad war. Der damalige Glanz ist heute nur mehr an den verfallenen Fassaden zu erahnen. Lediglich einige Villen und Grandhotels bewahren noch unverändert den Charme des vergangenen Jahrhunderts.

Hier finden Sie einen einzigartigen "Park", den alten jüdischen Friedhof "Cimitero Israelitico". Wenn Sie romantisch veranlagt sind, empfehlen sich darüber hinaus Besuche der etwas entfernter gelegenen Inseln Burano und Torcello am Rande der Lagunensümpfe. Alle nördlich von Venedig gelegenen Inseln sind sehenswert und übrigens seit dem 7. Jahrhundert besiedelt.

Murano ist für mich persönlich einer der Hauptanziehungspunkte; längst nicht so spektakulär wie Venedig selbst, was die Baukunst betrifft, aber die Glaskunst der Region hat Monopolstellung in Europa. Selbst einen Gallé und Tiffany hat sie überdauert, wenn auch heute sehr viel Schund und Kitsch produziert wird. Die wahrlich kunstvollen Techniken der Antike wurden in den Klöstern der Lagune weiterentwickelt. Eines ihrer Geheimnisse ist die Verwendung natriumhaltiger Asche, die eigens aus Syrien und Alexandrien importiert wurde. Alle anderen Glasbläser Nordeuropas verwenden Kaliumasche.

Seit 1291 ist Murano die "Glasinsel"; die Glasbläser waren hochangesehen, aber trotz alledem - wenn auch privilegierte - Gefangene der "Serenissima". Der "Rat der Zehn" hatte frühzeitig die Bedeutung der Glaskunst für den Handel erkannt. Man vergab sogar eigene Wappen an die Bürger Muranos, und ihre Namen waren im Goldenen Buch der Stadt verewigt. Angelo Barovier entdeckte um 1450 die Herstellung von völlig klarem Glas, welches dem teuren Bergkristall täuschend ähnlich war. Der Ruhm Muranos verbreitete sich schnell über ganz Europa. Andere Erfindungen kamen hinzu, und schon damals erteilte der Doge Patentschutz. Auch die Spiegelherstellung mit ihrer so typischen Verzierung in Graffito-Technik fällt in diese Zeit. Strenge Strafandrohungen ergingen an die Glasbläser aus Murano, damit keinem jemals einfiele, etwa auszuwandern und die Kunst der Glasbereitung auszuplaudern.

Salmone "Corte Sconta"

Marinierter Lachs mit Rugola

Zutaten für 4 Personen: *12 hauchdünne Scheiben vom Frischlachs, 1 Granatapfel, 1 Bund Rugola, Salz und Pfeffer aus der Mühle, 1 kleine Zwiebel, 4 EL Olivenöl, 2 EL Himbeeressig, 1 TL Limettensaft.*

Zubereitung: Lachsscheiben in einer flachen Schale auslegen, salzen und pfeffern. Zwiebel sehr fein hacken und in ein kleines Gefäß geben. Einige Rugolablätter ebenfalls fein hacken und dazugeben. Olivenöl, Limettensaft und Himbeeressig darübergeben und mit einer Gabel zu einer glatten Emulsion verrühren. Die Lachsscheiben damit einpinseln, wenden und den Vorgang wiederholen. Rugolablätter abzupfen und auf die Marinade legen. Den Granatapfel halbieren und mit einem Teelöffel die eßbaren Kerne und den Saft auslösen. Den Saft über Lachs und Rugola geben. Nach einigen Minuten auf Tellern anrichten. Rugolasalat zur Linken, darüber Kerne vom Granatapfel geben. Rechts die Lachsscheiben verteilen. Dazu passen gut ein kühler Prosecco und frische Brotscheiben, getoastet und mit Krabbenbutter bestrichen.

Am besten gehen Sie zu Fuß durch Murano, und wenn Sie dann ins Wasser der breiten, bewegten Lagunen sehen, können Sie in den Spiegelungen manche der Grundmuster und Farben der Gläser wiederentdecken, die bereits Generationen von Glasbläsern beeinflußt haben. Beim Spa-

ziergang durch die schmalen Gassen und Hinterhöfe sieht man durch kleine Türen und Portale den mitunter strahlenden Lichtschein der Glasöfen. Einen kurzen Blick in die Werkstatt wird Ihnen niemand verübeln. Sie werden gefangen sein vom Anblick der rosaroten und himmelblauen fauchenden Höllenschlünde der Öfen und den schwitzenden geschäftigen Glasbläsern, die ihrer alltäglichen, mühevollen und doch wunderbar schönen gestalterischen Arbeit nachgehen.

Einen guten Überblick über die Entwicklung dieser Kunst verschafft ein Besuch im "Museo d'Arte Vetraria". Wenn Sie vom vielen Entdecken und Laufen durch dieses "Mini-Venedig" erschöpft sind, empfehle ich eine Einkehr in die einfache "Trattoria Valmarana" am Fondamenta Navagero. Bei Fagarazzi Cedolini bekommt man das, was man unter einer originalen "Cucina Casalinga" versteht. Wein gibt es offen aus großen Fässern, und um die Küche wirklich kennenzulernen, lassen Sie sich alles andere als das überall angebotene "Menu Turistico" servieren.

Gemischte Antipasti zur Einstimmung, mit einigen der schmackhaften Brotsorten und einem Glas Wein, sind da schon eher geeignet. Die Bäcker scheinen in direkter Konkurrenz mit den Glasbläsern zu stehen, sieht man sich die Vielfalt der Formen und Kreationen an. Schon ein einfaches Panino erinnert an die schwungvolle Linienführung eines Murano-Glases. Ein braunes Anis-Kümmelbrot und ein Rosinenbrot mit schwarzen Olivenstückchen schmecken nicht nur ausgezeichnet, sondern sehen auch malerisch und fantasievoll aus. Nur Zwiebelbrot habe ich

keines entdeckt, obgleich die Venezianer eine ausgesprochene Zuneigung mit dieser Knolle verbindet. Zwiebeln sind in allen Variationen ein Lieblingskind der venezianischen Küche. "Fegato alla Venezia" beispielsweise erlangte Weltruhm, dabei ist die Zubereitung des Lebergeschnetzel-

ten mit Zwiebeln ganz einfach nachzuvollziehen (Rezept S. 74). "Fegato" werden Sie in in einer Reihe von Restaurants, auf unterschiedlichste Art zubereitet, wiederfinden.

Eine Vorstufe zu dieser Spezialität sind die "Cipolle rosse", süßsaure und vor allem rote Zwiebelchen, die lauwarm als Beilage zu Fleisch und Fisch gereicht werden, allerdings auch recht häufig kalt auf dem Antipasti-Teller zu finden sind.

CARNE-VALE

Cipolle rosse

Die roten Zwiebeln sind zunächst einmal weiß und vorzugsweise klein.

***Zutaten:** Wählen Sie solche mit höchstens 2 cm Durchmesser und ohne Grün. Zur Füllung eines großen Glases benötigen Sie etwa 2 Pfund, 1 l jungen Rotwein aus dem Veneto, 2 bis 4 Knoblauchzehen (ganz nach Geschmack), 4 EL Zucker, 6 Blätter frischen Lorbeer, 4 Nelken, 1/4 l Rotweinessig, Saft einer Zitrone, 1/8 l Olivenöl.*

Zubereitung: Die Zwiebeln sind jung und brauchen nicht geschält zu werden. Unter fließendem Wasser putzen und abtrocknen. Das Olivenöl in einem großen Topf erhitzen und die Zwiebeln unter ständigem Wenden anschmoren. Die feingehackten Knoblauchzehen zugeben und den Zucker darüberstreuen. Mit einem Gemisch aus Zitrone und Essig eßlöffelweise ablöschen. Es muß brodeln und zischen, bis die Feuchtigkeit fast ganz verdampft ist. Diesen Vorgang mehrfach wiederholen. Jetzt kommen die Gewürze und der zuvor erhitzte Rotwein hinzu. Das Ganze 5 Min. ziehen lassen und heiß in ein großes Glas füllen. Nach einigen Tagen können Sie die Cipolle rosse als Antipasti servieren.

GUARNIERI
R. GIACINTO
U. NAVARRO
ROSMINI
SABADIN

Die Weine aus dem Veneto sind recht bekannt; der berühmteste ist der Amarone aus dem Umland Venedigs. Valpolicella, Bardolino, Soave und Prosecco di Conegliano sind Konsumweine, die der Weinfreund einer sorgfältigen, sich jedoch lohnenden Prüfung unterziehen sollte.

Das beste Gebiet dürfte Piave mit dem Pramaggiore und seinen Rebsortenweinen aus Cabernet, Merlot, Pinot Noir und dem in Deutschland so beliebten Pinot Grigio sein. Aber auch am Gardasee, im Gebiet Bardolino, das zu Venetien gehört, gibt es eine Reihe sehr schöner leichter Weine.

Die Speisekarte im "Poste Vecie" zeigt wohl die meisten venezianischen Spezialitäten. Das traditionsreiche und hübsche Restaurant finden Sie in der Nähe des Rialto. In einer kleinen dunklen Gasse versteckt, liegt die "Trattoria alla Madonna". Leider werden durch die Größe und Originalität des Restaurants mit über zweihundert Plätzen viele Touristen angezogen. Aber wer's bunt und turbulent mag, gute Küche und viel Treiben schätzt, ist hier gut aufgehoben. Preiswert ist es außerdem auch noch. Auf der anderen Seite des Rialto, Richtung San Marco, ist eines der bekanntesten Restaurants der Stadt, das "Al Graspo de Ua". Lassen Sie sich in Venedig nie durch schmale dunk-le Gassen oder schäbige Hinterhöfe abschrecken, meist finden Sie dort die besten Restaurants. Eines davon ist das mit zwei Sternen bedachte "La Colomba", gelegen nahe dem Saturnia im Gewirr der Gassen zwischen San Marco und Fenice. Die Eleganz und eine stilvolle Einrichtung stehen im krassen Gegensatz zum Äußeren. Service und Essen sind von bestechender Präzision, die allerdings auch ihren Preis fordert. Eher an eine Baracke erinnert auch das sehr versteckt liegende "Do Forni", das nichtsdestoweniger zu den populärsten Vertretern venezianischer Küche gehört.

Gehen Sie das erste Mal auf jeden Fall in italienischer Begleitung dorthin, denn "Touristen" können nicht an den barocken Tafelfreuden dieses Restaurants teilhaben, und bestehen Sie auf einem Platz im Saal. Was dann für Augen, Gaumen und Ohren abläuft, ist gastronomisch gigantisch und beeindruckend. Ich verspreche Ihnen, daß Sie in dieser Art noch nie italienisch, scusi, venezianisch gespeist haben. Wer den absoluten Luxus erleben möchte, sollte einmal beim Erfinder von Harry's Bar, dem Gastronomen Cipriani, auf der Insel Giudecca in "Harry's Dolci" weilen. Das Essen ist zwar kulinarisch genauso arm wie in der legendären Bar, aber allein das Ambiente lohnt den Aufenthalt.

Für mich persönlich ist eines der beindruckendsten und urwüchsigsten Restaurants in der Nähe des Arsenale das "Corte Sconta" in der Calle del Pestrin. Als ich vor einigen Jahren das erste Mal dort war, hing kein Bild an der Wand; nur eine nüchterne Theke gab es, mit einigen Flaschen und Korbflaschen voll Wein, Körbe mit Gebäck aus dem jüdischen Viertel und etwa zwölf alte Tische, ein jeder anders, größer und dunkler im Holz, auf jeden Fall antik. Keine Tischdecke darauf, nur eine nüchterne Lampe hing über jedem Tisch. Ich habe in diesem so typisch venezianischen Fischrestaurant, in dem Sie garantiert keine Touristen treffen werden, viele herrliche und anregende Stunden verbracht. Heute ist es mit dem hübschen, aus den Anfangsbuchstaben seines Namens gestalteten Symbol eines Teufels und einer Meerjungfrau noch genauso attraktiv, wenn nicht noch besser.

"Corte Sconta" meint übrigens ein "Verstecktes Plätzchen", einen Innenhof mit kleinem Garten. Das einzige, was sich geändert hat, sind einige Fischbilder an den Wänden und die aus Packpapier selbstgeschnittenen Tischsets. Sie sehen schon: keinerlei Schikkimicki. Es gibt die alten blanken Tische und als Aperitif wahlweise den Prosecco Naturale oder perlenden Frizzante, in eine Karaffe gefüllt. Auch mittags ist das Restaurant sehr gut besucht, eine

Vorbestellung ist ratsam. Mit einer Auszeichnung vom italienischen Gastronomie-Papst Veronelli wurde der Küchenchef und Padrone dieses kleinen Familienbetriebes belohnt. Claudio Proietto ist ein Zerberus, was Statur und Aussehen betrifft. Zwischen Küche, Gästen und seinem Figlio, der gerade aus der Schule kommt, pendelt er hin und her. Wie immer lasse ich mir ein Menü zusammenstellen, welches mit insgesamt neun Gängen, zwei Flaschen Prosecco, zwei Grappa und Kaffee nur achtzig Mark kostet.
Und wären da nicht noch einige Flaschen mit bedruckten Etiketten im Regal, man hätte das Gefühl, daß hier aber auch alles selbst gemacht wird. Sogar der Grappa kommt aus einer großen Korbflasche, und diese stammt von einem Bauern im Friaul. Im "Corte Sconta" sind Sie vortrefflich aufgehoben, wenn Sie die kleinen, "einfachen" Dinge schätzen. Die Zeit scheint stehengeblieben zu sein, und mit ein wenig Fantasie hat man das Gefühl, daß schon ein Goldoni oder Casanova und die Gründer der berühmten venezianischen Malschule, Bellini, Tintoretto oder ein Carpaccio, hier getafelt hätten. Carpaccio ist übrigens nicht der Erfinder der gleichnamigen Vorspeise, wohl aber ihr Namengeber.

Zitronenmousse "Il Cortile"

Zutaten für 4 Personen: *4 Eigelb, 100 g Zucker, Saft von 2 Limetten, 1 TL abgeriebene Schale einer ungespritzten Zitrone, 4 cl Weißwein, 1 Becher Mascarpone-Creme.*

Zubereitung: Eigelb in eine Schüssel geben. Zucker untermischen. Mit einem Schneebesen so lange schlagen, bis eine schaumige Creme entsteht. Unter ständigem Rühren die restlichen Zutaten unterheben und das Ganze im Wasserbad rühren, bis die Masse Blasen wirft. In Gläser füllen und kalt stellen. Mit geriebener Zitronenschale bestreuen.

Polenta

Zutaten für 4 Personen: *500 g Maisgries mittelfein, 1 EL Meersalz, Pfeffer aus der Mühle.*

Zubereitung: In einem großen Topf 1 1/2 l Salzwasser zum Kochen bringen. Maisgries aus der Hand in dünnem Strahl in das Wasser schütten, dabei ständig gut umrühren. Wenn die Polenta zu kochen beginnt, ein wenig schwarzen Pfeffer unterrühren. Sobald sich an der Oberfläche Blasen bilden, die Hitze reduzieren. Ständig weiterrühren, damit nichts ansetzt. Vom Zeitpunkt des Blasenwerfens an beträgt die Kochzeit genau 45 Minuten. Danach zum Auskühlen auf ein großes Holzbrett schütten und gleichmäßig verteilen (circa 2 cm dick). Ein Tuch darüberlegen und die Polenta nach dem Erkalten in kleine Rechtecke schneiden. In Butter oder Olivenöl kurz anbraten - als Beilage ein Genuß. Auch mit Sahne und Gorgonzola überbacken ist sie zu empfehlen.

Mit diesen letzten Impressionen heißt es Abschied nehmen von einer Stadt, die eine Weltanschauung ist. Wenn die Sonne mit den letzten Tauben in das Licht der Lampen taucht und sie erstrahlen läßt, halten Sie zum Abschied kurz Ihre Finger in die Lagune und lassen Sie Welten tanzen. "Ci vediamo fra poco" - wir sehen uns bald wieder.

Verze Affogate

Speckkohl

Zutaten für 4 Personen: *1 Wirsingkohl, 125 g Schinken oder Speck, 4 EL Olivenöl, 1 Speisezwiebel, 2 Knoblauchzehen, 1 TL Rosmarinspitzen, 1 EL Kümmel, 1/4 l Hühnerfond, Pfeffer und Salz aus der Mühle.*

Zubereitung: Strunk und äußere Blätter des Kohls entfernen, dann vierteln. Zwiebel und Speck würfeln. Olivenöl in einem großen Topf erhitzen, Speck und Zwiebel darin anrösten. Den feingehackten Knoblauch, Rosmarinspitzen und Kümmel zugeben, mit etwas Hühnerfond ablöschen. Kohlviertel einlegen und anschmoren, dann den Rest Fond zugeben. Mit Salz und Pfeffer würzen. Bei geschlossenem Deckel und kleiner Hitze circa 30 Min. schmoren lassen.

Treviso

Trevisosalat gegrillt

Zutaten für 4 Personen: *Je nach Größe 2 - 4 Trevisosalate, 1 kleiner Rosmarinzweig, 4 Knoblauchzehen, Olivenöl, Salz und Pfeffer aus der Mühle.*

Zubereitung: Stiele entfernen, Blätter einzeln unter kochend heißem Wasser kurz abspülen und mit Salz und Pfeffer bestreuen. In Olivenöl marinieren. Danach in der Pfanne - besser auf dem Grill - von allen Seiten bräunen. Gehackten Knoblauch und Rosmarin darüberstreuen.

Salsa rossa

Rote Sauce

Zutaten für 4 Personen: *Von den im Rezept Cipollę rosse (S. 66) beschriebenen Zwiebeln benötigen Sie etwa 12 Stück, dazu 1 Glas (400 ml) Fischfond, 8 cl trokkenen Sherry, 1 EL scharfen Senf, circa 10 entsteinte schwarze Oliven, 1 rote Gemüsepaprika, 2 EL Olivenöl, 20 g Butter, 1/4 l süße Sahne, Pfeffer und Salz aus der Mühle.*

Zubereitung: Paprika fein würfeln, Zwiebeln vierteln, beides im erhitzten Olivenöl kurz anglasieren. Butter zugeben und leicht salzen und pfeffern. Mit erhitztem Fischfond ablöschen und sprudelnd kochen lassen, bis der Fond auf die Hälfte reduziert ist. Durch ein Sieb passieren und zusammen mit Sahne und Sherry nochmals stark aufkochen. Dabei mit dem Schneebesen gut durchschlagen. Senf unterziehen und kurz vor dem Servieren die sehr fein gehackten Oliven untermischen.
Diese Sauce kann über Kalbfleischscheiben oder auch zu gebratenem Geflügel gereicht werden.

Variante:

Zwei Hühnerbrüste kurz anbraten, kleingewürfelt in einen Mixer geben und zusammen mit der Sauce sowie 100 g kalten Butterwürfeln pürieren. Dann die Masse gut kühlen. Das Ganze wird als Paste auf frischem Brot und mit einem Glas Weißwein serviert.